Siegfried Lenz

Kummer mit jütländischen Kaffeetafeln

Mit Illustrationen von Kirsten Reinhold

Hoffmann und Campe

Kummer mit jütländischen Kaffeetafeln

Einmal muß ich auch von meinem Kummer sprechen, von meinem Kummer mit Jütland, dessen Sommerbürger ich seit vielen Jahren bin. Lange hat Begeisterung ihn niedergehalten, zurückgedrängt, bei allem schwärmerischen Einverständnis wagte mein Kummer nicht, sich zu Wort zu melden, er wurde einfach matt gesetzt durch Erlebnisse und Erfahrungen, die mir Jütland als mein behäbiges Sehnsuchtsland erscheinen ließen. Was gilt dein Kummer, sagte ich mir zögernd, angesichts grandioser Nachbarschaftshilfe und noldischer Sonnenuntergänge? Was zählt er überhaupt vor dem erstaunlichen Gerechtigkeitssinn der Jütländer, vor ihrer stillen Tüchtigkeit, ihrer fabelhaften Sparsamkeit, ihrem Sinn für Gemütlichkeit und künstlerisch geschnittene Hecken? Hat irgendein Kummer denn das Recht, veröffentlicht zu werden, wo alles zum Bleiben einlädt, wo langsam, aber gründlich gedacht wird, wo Idylle und kühne Architektur miteinander tuscheln? Und wo man, nach eigenem Willen, jeden Tag Sonntag feiern kann? Wäre schließlich, so sagte ich mir, die Bekanntgabe deines Kummers nicht eine Manifestation der Undankbarkeit gegenüber einem Land, das dich so bereitwillig angenommen hat? Es hilft nichts: zu stark pocht mein Kummer, er will raus, will sich nach über zwanzig Jahren Zurückhaltung Gehör verschaffen, mein redlicher, oft verschluckter, begründbarer Kummer mit Jütland. Da er einen Namen hat, möchte ich ihn auch gleich preisgeben: Es ist mein Kummer mit der großen jütländischen Kaffeetafel.

Schon seh ich Kopfschütteln, spüre Verwunderung und Nachsicht: Kann, so wird man sich fragen, eine Kaffeetafel Anlaß zum Kummer geben? Kann, was so harmlos nach Belebung und schlichter Süße klingt, überhaupt eine Sache sein, von der man Aufhebens machen sollte? Wer so fragt, hatte noch nie das problematische Glück, zu einer original jütländischen Kaffeetafel eingeladen zu werden. Wir hingegen, meine Frau und ich, waren oft dazu eingeladen, wir haben die legendäre Tafel bisher überlebt, und in gelassener Erwartung von Spätschäden möchte ich jedem, der von einer entsprechenden Einladung ereilt wird, akkurat vorstellen, worauf er sich gefaßt machen muß.

Wir, zugegeben, waren allenfalls auf Gesundheitskaffee und knochentrockene Plätzchen gefaßt, als wir zum ersten Mal von unseren Nachbarn zu einer ortsüblichen Kaffeetafel gebeten wurden, so gegen halb neun, nach dem Abendbrot. Solch eine Kaffeetafel, bedeutete man uns, widerspricht keineswegs der Gewohnheit, ausgiebig und genußreich zu Abend zu essen, im Gegenteil: Die jütländische Kaffeetafel heischt geradezu eine gediegene Unterlage. Nach Belieben gestärkt, fanden wir uns bei den Gastgebern zusammen, schwiegen uns, erschöpft von der Tagesarbeit, freundlich an; die Beredsamen riskierten ein »Jo«, die Geschwätzigen ein »Jo, jo«, ein Ächzen, ein Presslaut, ein Kopfnicken reichten zu umfassender Unterhaltung. Häufiger Lidschlag zeugte nicht etwa von vorsorglicher Zustimmung, sondern von der Mühe, sich wach zu halten. Bauern und Fischer verzichteten darauf, einander zu necken, wie die Tradition es eigentlich will. Oft war nur das kleine Platzgeräusch der an Pfeifen saugenden Lippen zu hören.

Plötzlich zog die abwesende Hausfrau die Schiebetüren auf, trat bescheiden zur Seite und gab den Blick frei auf die Kaffeetafel, und alle im Raum standen auf.

Ein Ausziehtisch, von geschontem Damast bedeckt, trug die Kaffeetafel: Kerzen brannten, deren zuckender Schein über das ererbte perlmuttene Porzellan ebenso lief wie über die dicke Butterschicht der Brötchen, die, zu Mehrdeckern aufgestockt, auf übergroßen Tellern lagen! Wir tauschten einen Blick, meine Frau und ich, einverstanden mit der herzhaften Bescheidenheit des Angebots. Also Brötchen, Rundstücke, Boller, wie es immer beginnt, man würde die Hausfrau nicht enttäuschen müssen, es war erst neun. Schweigend nahmen wir unsere Plätze ein.

Die Gastgeberin ließ es sich nicht nehmen, den Kaffee selbst einzuschenken, kräftigen, stark gebrannten Kaffee, und wem es aus der Tasse dampfte, der durfte auch gleich probieren, und auf einmal war ein Seufzen am Tisch, ein Stöhnen, man seufzte und stöhnte mit geschlossenen Augen, freimütig, anhaltend, die unendliche Wohltat bezeugend, die man heiß im Schlund spürte, wir seufzten ungeübt mit und nickten zu dem vollständigen Bekenntnissatz, daß doch nichts über eine gute Tasse Kaffee gehe. Dann ein Wink, und die schönen Teller mit den gebutterten Brötchen begannen zu kreisen.

Sie kreisen immer, die Teller, niemand entgeht ihrer Forderung, zu nehmen und noch einmal zu nehmen. Wir trennten also die Mehrdecker, hoben die halben Rundstücke ab, die so aufeinanderlagen, daß auch die Unterseite kräftig Butter annahm, und es war ein zufriedenes Mahlen und Trinken, allerdings äugten wir, schon am Ende unserer Möglichkeiten, bestürzt auf die eigenen Teller, auf die eine stumme Zentrifugalkraft immer neue Brötchen brachte. Meinen hilfesuchenden Blick beantwortete die Hausfrau mit dem zweiten vollständigen Satz,

sie sagte: Wir sollen es ganz gemütlich haben. Ich nickte dankbar, doch ich nickte zu früh; denn nachdem sich einige Gäste gestrafft, und das heißt: erwartungsvoll aufgesetzt hatten, trug die Hausfrau Platten mit blätterteigartigem Kranzkuchen auf, der gelblich schimmerte wie ein jütländisches Rapsfeld und gesprenkelt war von überschweren Rosinen.

Jeder wußte, was an der Reihe gewesen war, jeder langte sachlich zu; wen die rotierende Platte erreichte, der war verurteilt zu nehmen. Mit glänzenden, schorfähnlichen Krümeln an den Lippen, die das *wienerbrød* nun einmal gern hinterläßt, stellten Nachbarn kurze Fragen, gaben kurze Antworten, ich konnte ihnen keine Aufmerksamkeit schenken, da ich angestrengt damit beschäftigt war, die drohend herankreisende Platte abzuwehren. Vergebens: Bei jedem Passieren geriet ein Stück fettigen, leicht gewärmten Kuchens auf meinen Teller und erinnerte mich unerbittlich an die Gesetze der Gastfreundschaft. Daß unser Kaffeedurst unstillbar sei, wurde einfach vorausgesetzt, schon dampfte die zweite, die dritte Tasse vor jedem Gast, der Duft Brasiliens erfüllte die jütländische Bauernstube, eine beginnende Magenschwere wurde aufgewogen durch unerwartete Hellhörigkeit und Schärfe des Gewahrens. Verwirrt blickte ich zum Ende der Tafel hin, wo zusammenhängend geflüstert und gelacht wurde.

Mühsam ausatmend, signalisierte mir meine Frau ihre Erschöpfung, ich antwortete mit zur Decke gerichtetem, ergebenem Kälberblick, hoffend, daß mit dem *wienerbrød* das Ärgste überstanden sei.

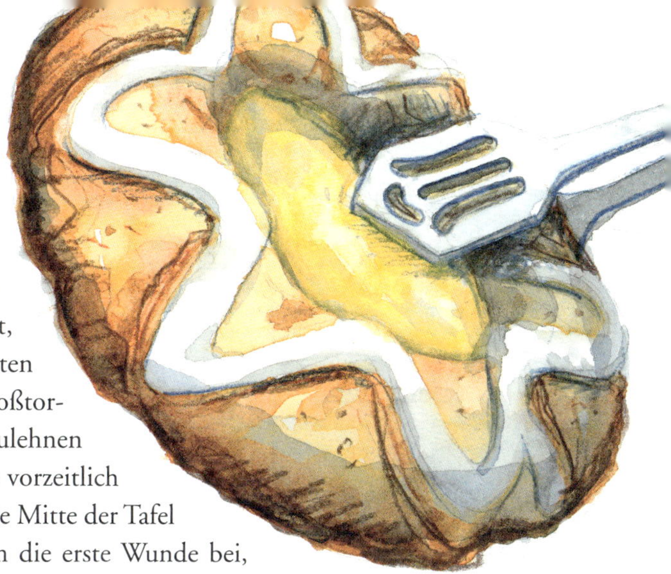

Doch kaum hatte ich mich zurückgelehnt, als ein Hügel von kränklicher Weiße gebieterisch auf mich zuschwebte, ein Gletscher, bedeckt mit bräunlichem Moränenschutt, waghalsig verziert mit Kirschen, die dem erstarrten Schaum sanft eingedrückt waren: die erste Großtorte, die *lagkage*, der Stolz der Hausfrau, den abzulehnen einer Beleidigung gleichgekommen wäre. Das vorzeitlich anmutende Ungetüm des Genusses wurde in die Mitte der Tafel gestellt, ein ererbtes Tortenmesser brachte ihm die erste Wunde bei, und dann wurde jeder namentlich aufgefordert, seinen Teller heranzureichen zum Empfang kiloschwerer, präzis geschnittener Batzen.

Wie viele Schichten waren da verständig übereinandergelegt, der Boden erinnerte an Jütlands sandgraue Küsten, die Füllung an seine dunkle Torferde, etwas Versteiftes, Klumpiges gemahnte an einheimische Hünengräber, und beim Anblick der lastenden Sahneschichten mußte ich an jütländische Winter denken. Der Moränenschutt, fast unnötig zu sagen, entpuppte sich auf der Zunge als Nußsplitter. Eine ganze Geologie der Gaumenfreude präsentierte sich uns da, und ich wäre in Andacht versunken, wenn Atemnot mir nicht zugesetzt hätte.

Als zum zweiten Batzen lächelnd Kaffee nachgereicht wurde, kam tatsächlich ein angeregtes Gespräch unter meinen Nachbarn auf, soweit ich ihm unter dem Druck der Fülle folgen konnte, ging es um die ungerechten, jedenfalls drakonischen Steuergesetze, die dem Jütländer selbst das nehmen, was er sich angewöhnt hat, als sein eigen zu betrachten. Nur noch lethargisch löffelnd, verstand ich, daß ein Sohn den Hof seines Vaters keineswegs übernehmen kann, er muß ihn in gewisser Weise kaufen und auf den Kaufpreis Steuern zahlen. Die Gletschertorte ließ mir gerade noch die Kraft, diese Praxis ebenfalls als ungerecht zu empfinden.

Plötzlich neigte sich mir mein Nachbar zu, zwinkerte und riet mir, den Teller rasch leer zu essen, da gleich die Napoleonschnitten »dran« wären, ein mit Vanillepudding gefülltes Labsal, schön zittrig unter glasiertem Blätterteig. Und kaum hatte der kreisende Teller ihn erreicht, als er mir auch schon zwei Stücke zuschaufelte, jedes so dick wie Tolstois »Krieg und Frieden«. Von Herzen zugetan wollte er mir nur die Wartezeit ersparen.

Ich aß, ich schwieg und aß, während sich das Gespräch an der Tafel immer spürbarer belebte, die Napoleonschnitten stifteten sogar Leidenschaft, ein heftiges Für und Wider um die Europäische Gemeinschaft entbrannte. Aus der Ferne bekam ich mit, daß der Süden Jütlands die Mitgliedschaft in der EG überzeugter guthieß als der Norden. Die Hausfrau trug, nicht ohne kleinen Triumph, gleich zwei Kaffeekannen herein und lobte mehrmals hintereinander ihre neue Kaffeemaschine. Zum Protest zu matt, ließ ich mir die fünfte Tasse füllen. Gequält blickte ich zu meiner Frau hinüber, sie musterte feindselig ihre Napoleonschnitte, stocherte nicht einmal; wenn sie sich überhaupt bewegte, so nur, um eine übriggebliebene Kirsche von der Gletschertorte aufzuspießen.

Auf einmal schrak ich auf. Fischer und Bauern begannen gerade, einander – der Tradition entsprechend – zu necken, als ich feststellen mußte, daß ich nicht mehr gerade sitzen konnte. Die Kaffeetafel zog meine Stirn an. Ich stand auf, stahl mich unter einem Vorwand auf den Hofplatz hinaus, probierte ein paar bange Schritte und blickte verlangend zu unserem Häuschen hinüber. Wenn es einen Brunnen gegeben hätte, ich hätte gewiß

nicht versucht, meine Silhouette neben dem Mond zu finden. Tragisch verkürzt: So kamen mir meine Beine vor, der Leib kämpfte mit einem geradezu unwirschen Übergewicht, die Geschmacksnerven jauchzten, und hinter den Schläfen summte und zirpte es, als ob alle Telephonleitungen Jütlands dort hindurchliefen. Was da rhythmisch einen Vorschlaghammer in meiner Brust schwang, war ohne Zweifel mein Herz. Was mir einredete, ich könnte in diesem Augenblick georgische Lyrik in einen südjütländischen Dialekt übersetzen, war der Kaffeerausch. Die frische Luft bekam mir nicht, ich mußte zurück.

Der Teller an meinem Platz konnte mein Teller nicht sein, denn ich hatte ihn leer hinterlassen, und jetzt lastete auf ihm, plätteisengroß, ein naturfarbenes Stück Nußtorte, mit Buttercreme ehrlich angereichert, eine Spezialität der Hausfrau. Ich beäugte das Stück, stach es, stupste es mit dem Gäbelchen, fragte es ab: Es wollte nichts weiter als bewältigt werden. Meine Nachbarn bedauerten mich, sie waren mir ein Stück im voraus und stachelten mich an, sie einzuholen, lakonisch allerdings, nur soweit ihnen die erhitzte Debatte über dänische Staatsverschuldung Zeit dafür ließ. Ich dachte an Jütlands Hecken, an Holunder, Flieder und Haselnußbüsche und nahm die Nußschnitten an, apathisch und entschlossen zugleich. Mir war es gleichgültig, daß die Hausfrau, wie sie erzählte, die Nüsse eigenhändig geerntet und gerieben hatte, ich brachte kein Interesse mehr für die Behauptung auf, daß die unangemessenen Forderungen des perfekten Sozialstaates zu der bedenklichen Verschuldung des Landes geführt hatten; wie ein todmatter Koalabär, der seine einzige, lebenserhaltende Aufgabe im Eukalyptusblatt sieht, brockte ich die Nußtorte in mich hinein, einverstanden mit oblomowschem Schlagfluß, den ich auf mich zukommen sah.

Mit, sagen wir, abschiednehmendem Blick schaute ich zu meiner Frau hinüber, sie hatte es aufgegeben, hatte offenbar mit letzter Kraft der Nußtorte die Kuchengabel eingerammt, an deren Stiel jetzt nur noch ein Fähnchen fehlte, das weiße Fähnchen der Kapitulation.

Welch ein Zustand: Äußerste Wachheit hielt niederzwingender Trägheit die Balance, flackernde Aufgekratztheit behauptete sich neben Mühlsteinschwere. Meine Nachbarn beteuerten einander, daß sie sich selten »so gut zupaß« gefühlt hätten, und zum Zeichen ihres Wohlbefindens tischten sie einander Anekdoten auf.

Ihre Fürsorglichkeit mobilisierte einen letzten Schub von Lebenswillen, ich hob den Arm, mich ritt der Teufel, Hohn und Verzweiflung gaben mir eine Frage ein, über die ich erst später erschrak, die Frage nämlich: Wann kommt denn das Kleingebäck? Ich habe gelesen, daß zu einer jütländischen Kaffeetafel unbedingt Kleingebäck gehört. Überrascht sah die Hausfrau mich an, dankbar und überrascht, mein Verlangen ehrte sie, und ehe ich noch begriff, welch eine Falle ich mir selbst gestellt hatte, kreisten Schälchen mit dem berühmten Kleingebäck, Kringel, Schäumchen, Plätzchen, Taler aus Mürbeteig, mit und ohne Schokolade, *småkager* in verführerischen Variationen, selbstgebacken. Das war es doch, worauf du gewartet hast, fragte die Hausfrau, und ich darauf: Ja, sehnsuchtsvoll gewartet. Der Kaffee, den ich mir widerstandslos einschenken ließ, war offenbar noch stärker geworden, eine ölig schimmernde Schwärze. Glaub mir, sagte mein Nachbar, danach wirst du sehr gut schlafen, wir jedenfalls brauchen das Zeug, um gut zu schlafen.

Kurz vor Mitternacht brachen wir auf, wohlversehen mit übriggebliebenem Kuchen und Kleingebäck – für den Fall, daß wir in der Nacht Lust bekämen, etwas zu knabbern. Wortlos schwankten wir heimwärts, nach einem Dank, der reichlich polternd ausgefallen war. Der Hund sprang bellend neben uns her, offenbar hatte sich unser Gang so verändert, daß er uns nicht mehr erkannte. Anstieg: Ich wurde das Gefühl nicht los, auf beschwerlichem Anstieg

zu sein, ein gezuckertes, glasiertes Hügelland hinauf, eine Alp aus Mürbeteig und gefrorener Schlagsahne hinauf. Wir setzten uns ins Bett, sitzend erwarteten wir den Morgen.

Beispielhaft ist die Nachbarschaftspraxis in Jütland, nichts als wohlgemeint sind die Einladungen zu einer jütländischen Kaffeetafel. Wir haben sie überstanden, haben sie bis heute überlebt, für das bereitwillig gebrachte Schlafopfer reich entschädigt durch Erlebnisse und Erfahrungen, die nur hier möglich sind. Dennoch: Schade ist es um jede Einladung, die außer Freude auch Befürchtungen weckt. Aus rechtschaffenem Kummer möchte ich fragen, ob man dem Gast in Jütland, der sich freudig vor einer Kaffeetafel findet, nicht zumindest einen Gang in der großen rituellen Kuchenschlacht ersparen könnte – sagen wir, um einen Anfang zu machen, das Kleingebäck. Denn merke: Die Besorgtheit um den Gast schließt auch seine Gehfähigkeit beim Nachhauseweg ein.

Wanderer, kommst Du nach Jütland …

Nachwort von Günter Berg

Gebutterte Rundstücke, blätterteigartiger Kranzkuchen, Sahnetorte mit Kirschen, Napoleonschnitten, gefüllt mit Vanillepudding, und Nußtorte mit Buttercreme, dazu literweise duftender schwarzer Kaffee – alles das, so haben wir eben erfahren, gehört zur jütländischen Kaffeetafel.

Glauben wir Siegfried Lenz, augenzwinkernder Autor und zugleich leidgeprüfter Held dieser Erzählung, sind die schweren Etappen des jütländischen Gaumenmarathons der winzige Makel in einer ansonsten so wohligen Idylle. Sie liegt, so möchte man meinen, kaum verborgen hinter geschnittenen Hecken und niedrigen Zäunen, den Einfriedungen liebevoll gepflegter Gärten.

Gastlichkeit und Geselligkeit, von alters her zentrale Merkmale der Idylle, werden in ganz Dänemark großgeschrieben. »Hyggelig«, das »gemütlich«, »traulich«, »behaglich« bedeutet, ist deshalb nicht zufällig ein in der dänischen Sprache gern benutztes Wort. Dieses Attribut wird mit so vielen Erscheinungen des täglichen Lebens in Verbindung gebracht, daß aus dieser Tatsache ein Bedürfnis, eine Sehnsucht nach einer anheimelnden Atmosphäre des Daseins überhaupt zu sprechen scheint. Behaglichkeit, Traulichkeit und Gemütlichkeit bedürfen in der Regel des Nebenmenschen, des Nächsten und damit einer Gemeinschaft, die vom Verstehenwollen, vom Rücksichtnehmen, von humaner Gesinnung und menschlicher Haltung getragen wird. Dieses Bedürfnis nach Gemeinsamkeit und Gerechtigkeit hat weitreichende Wurzeln und läßt sich zurückverfolgen bis in jene Tage, da die einleitenden Worte zum Jütländischen Gesetzbuch niedergeschrieben wurden und es den Mächtigen zur Pflicht machten, die Schwachen zu beschützen – lange vor der Kodifizierung der Menschenrechte durch Amerika und Frankreich im aufgeklärten 18. Jahrhundert. Wie beruhigend mutet es da an, daß Jütland, das dänische Festland, genaugenommen an der Elbe anfängt.

Der kulinarische Genuß gehört für die Dänen zu den schönen Seiten des Lebens. Das gilt für den Kreis der Familie, aber auch für die Bereiche des Geselligen und Gesellschaftlichen. Man ißt immer gut, und die Anlässe, zu denen man Besseres, Besonderes, reichhaltiger Zusammengestelltes auf Tisch und Tafel erwartet und bietet, sind viel zahlreicher als etwa hierzulande. Ja, es gibt kaum ein Zusammentreffen mit Freunden, Bekannten oder auch Fremden, das nicht zugleich auch willkommene Gelegenheit zu mindestens einem kleinen Imbiß böte. In einem Café nur eine Tasse Kaffee ohne etwas leckeres Eßbares zu bestellen oder im Restaurant nur ein Glas Bier zu trinken ist für den Dänen unvorstellbar – wenn so etwas geschieht, ist klar, daß man es mit einem barbarischen Ausländer zu tun hat.

Lenz' fatalistische Frage nach dem obligatorischen Kleingebäck zur großen jütländischen Kaffeetafel, die in einigen Gegenden Südjütlands nicht weniger als 14 (!) verschiedene Torten und Kuchen umfaßt, gehorcht – allen Völlegefühlen zum Trotz – allein den Gesetzen der Gastfreundschaft. »Das war es doch, worauf du gewartet hast, fragte die Hausfrau, und ich darauf: Ja, sehnsuchtsvoll gewartet.« Wohlgemerkt: Kredenzt wird die Kaffeetafel nach dem Abendessen, zur vorgerückten Stunde. Es scheint, als sei das alles nur mit Spott zu ertragen, auch für die Jütländer. Wie sonst soll man verstehen, daß der Nachbar angesichts des nie versiegenden und immer schwärzer anmutenden Kaffees dem Gast gegenüber behauptet, »danach wirst du sehr gut schlafen, wir jedenfalls brauchen das Zeug, um gut zu schlafen«.

Die Jütländer, dessen können wir sicher sein, werden Lenz' augenscheinliche Ironie nicht verübeln. Sind sie es doch, die sich selbst ironisch nehmen als Bewohner eines Landes, das seinen bis 1847 höchsten, mit 147 Metern allerdings recht bescheidenen und natürlich in Jütland gelegenen Hügel »Himmelsberg« nennt. So verstehen es die Dänen immer wieder, auch sich selbst und insbesondere den Jütländern eins auszuwischen, worüber eine bekannte Anekdote Auskunft gibt: Ein Seeländer, ein Füne und ein Jütländer stehen am offenen Grab eines gemeinsamen Freundes – eines Junggesellen, dem jeder noch hundert Kronen schuldig ist. Der Seeländer legt, ohne sich auch nur einen Augenblick zu besinnen, einen Hundertkronenschein in den Sarg. Der Füne tut dasselbe, doch erst nach einer Weile stummen Ringens mit sich selbst. Beim Jütländer dauert es länger, bis er sich zum Handeln entschließt. Nachdenklich kratzt er sich erst am Bart, dann aber zieht er sein Scheckbuch: Er schreibt einen Scheck über dreihundert Kronen aus, nimmt die zwei Hundertkronenscheine aus dem Sarg und legt dafür seinen Scheck hinein.

Der Text folgt: Siegfried Lenz, *Die Erzählungen*, mit einem Geleitwort von Marcel Reich-Ranicki, Hamburg: Hoffmann und Campe, 2006, S. 1197–1203. Er entspricht dem Erstdruck in *Merian Jütland*, 34. Jahrgang, Heft 3 (1981), S. 44–45, 117.

11. Auflage 2025

www.hoffmann-und-campe.de
Illustration: Kirsten Reinhold
Einbandgestaltung: Katja Maasböl
Druck und Bindung: Livonia Print, Riga
Printed in Latvia
ISBN 978-3-455-38036-1

HOFFMANN UND CAMPE

Ein Unternehmen der
GANSKE VERLAGSGRUPPE